Leo & Co.

Die Neue

Alles Digitale zu diesem Buch kann auf der Lernplattform **allango** von Ernst Klett Sprachen abgerufen werden. So geht's:

QR-Code scannen oder **www.allango.net** aufrufen | Buchtitel oder ISBN in der Suche eingeben und auf das Buchcover klicken | Zum Inhalt navigieren, direkt abrufen oder speichern

Dieses Symbol bedeutet, dass zu einem Buch-Abschnitt ein digitaler Inhalt verfügbar ist: **Hörbuch und Lösungen zu den Übungen.**

Ernst Klett Sprachen

Stuttgart

Bildnachweis
14 Klett-Archiv (Sabine Wenkums), Stuttgart; **15** Klett-Archiv (Sabine Wenkums); **54.1** Klett-Archiv (Sabine Wenkums); **54.2** Klett-Archiv (Sabine Wenkums); **55** Klett-Archiv (Sabine Wenkums); **61** 123RF.com (konstantin32), Nidderau; **62.1** Getty Images (SolStock), München; **62.2** Getty Images (Fotosmurf03); **63.1** 123RF.com (kadmy); **63.2** Getty Images (toddmedia)

1. Auflage 1 6 5 4 3 2 | 2027 26 25 24 23

Nachfolger von 978-3-12- 606404-0
Alle Drucke dieser Auflage sind unverändert und können im Unterricht nebeneinander verwendet werden.
Die letzte Zahl bezeichnet das Jahr des Druckes.
Erstausgabe erschienen 2010 bei der Langenscheidt KG, München

www.klett-sprachen.de

Autor und Autorin: Theo Scherling und Elke Burger

Redaktion: Sabine Wenkums
Layout: Kommunikation+Design Andrea Pfeifer
Illustrationen und Umschlagbild: Johann Büsen
Tonregie: Theo Scherling und Sabine Wenkums
Tonaufnahme, -schnitt und -mischung: Andreas Scherling
Tonstudio: Frische Medien München und Grünton Studio München
Sprecherinnen und Sprecher: Ulrike Arnold, Vanessa Daly, Detlef Kügow, Susanne Noll, Theo Scherling, Jenny Stölken, Bettina Stummeyer, Sabine Wenkums, Peter Veit
Druck und Bindung: Elanders GmbH, Waiblingen

Printed in Germany
ISBN 978-3-12-674096-8

Leo & Co.

Die Neue

INHALT

DIE HAUPTPERSONEN DIESER GESCHICHTE:

Leo

Leo ist Maler, aber er ist auch ein leidenschaftlicher Koch. Seine Kneipe „Leo & Co." ist ein gemütliches Lokal, in dem man gut und preiswert essen kann.

In dieser Geschichte verliebt sich Leo Hals über Kopf in die neue Aushilfe Beata. Bekanntlich geht Liebe durch den Magen: Leo ist glücklich und kocht die feinsten Speisen – aber das gefällt nicht allen.

Anna

Anna ist Studentin und jobbt in Leos Kneipe. Sie wohnt bei ihrer Oma Gertrude Sommer.

Außerdem ist Anna verliebt. In drei Wochen hat sie eine wichtige Prüfung an der Uni. Und Stress in der Kneipe. Das ist einfach zu viel!

Klaus Meier

Klaus Meier ist Leos bester Freund. Zusammen mit seiner Tochter Veronika hat er die KFZ-Werkstatt „Meier & Meier".

Klaus kommt fast jeden Tag zum Essen zu „Leo & Co.". Deshalb fallen ihm Veränderungen sofort auf: Täglich frische Blumen, phantastische Gerichte – was ist mit Leo passiert?

Veronika Meier

Veronika lebt und arbeitet bei ihrem Vater. Ihre kleine Tochter Iris erzieht sie allein.

Veronika ist Annas beste Freundin und lässt sie auch in dieser Geschichte nicht im Stich.

Benno

Benno wohnt bei Leo im Haus, über der Kneipe. Weil er Leo manchmal hilft, muss er nicht viel Miete bezahlen. Er findet das prima, denn er hat nicht viel Geld.

In dieser Geschichte arbeitet er oft in der Kneipe und stellt fest, dass er noch viel lernen muss.

Beata Abramczyk

Beata ist eine international erfahrene Restaurantfachfrau und freut sich auf ihren neuen Arbeitsplatz. Bis dahin dauert es aber noch ein paar Wochen und für die Zwischenzeit sucht sie einen Job als Aushilfe.

Sie hat Glück! Bei „Leo & Co." ist für sechs Wochen eine Stelle frei.

1

„Mama, ich habe Hunger!"
„Warte noch ein bisschen, Iris, unser Essen kommt gleich!"
Veronika Meier, ihre kleine Tochter Iris und ihr Vater Klaus Meier sitzen im Lokal „Leo & Co." und warten auf das Mittagessen. Klaus und Veronika Meier haben eine Kfz-Werkstatt. Die ist gleich nebenan. Sie kommen jeden Tag zum Mittagessen. Das Essen ist gut und preiswert. Der Koch heißt Leo. Er ist eigentlich Maler, aber vor ein paar Jahren hat er sein Hobby zum Beruf gemacht.
Veronika ruft die Bedienung: „Anna, wann kommt denn unser Essen?"
„Gleich! Siehst du nicht, dass ich mich beeile? Ihr seid ja nicht allein hier!"
„Oh, die hat aber schlechte Laune!", sagt Klaus Meier. Und leise sagt er zu seiner Enkelin: „Komm mit, wir gehen mal in die Küche."
„Oh ja! Vielleicht finden wir da unser Essen!"
Iris springt vom Stuhl und geht mit ihrem Opa zur Küche.
Vorsichtig klopft Klaus Meier an die Küchentür.
„Hallo, Meisterkoch, darf man stören?"
Leo steht am Herd. Er dreht sich um und lacht: „Du immer!"
Klaus ist Leos bester Freund. In ihrer Freizeit unternehmen die beiden oft etwas zusammen. „Ach, und Iris ist auch dabei. Hat dir mein Essen geschmeckt, meine Kleine?"
„Ich habe noch nichts bekomen! Ich habe Hunger! Und Anna ist böse ..."

„Ach, gibt es hier jetzt Selbstbedienung? Dann kann ich ja gehen!"
Anna kommt in die Küche und bringt schmutziges Geschirr zurück.
„Anna, ich bitte dich! Mein Freund darf mich doch wohl in der Küche besuchen! Bring lieber das Essen raus: Hier, zweimal Lasagne, einen Gemüseteller und zwei große Alsterwasser[1]!"
Im selben Augenblick ruft jemand im Lokal: „Zahlen! Können wir endlich zahlen?"
Anna nimmt die beiden Gläser und die Lasagne-Teller. Im Vorbeigehen rempelt sie Klaus an und ein Teller fällt auf den Boden.

„Verflixt noch mal! "
Sie stellt den anderen Teller und die Gläser auf einen Tisch, setzt sich daneben und schlägt die Hände vors Gesicht.
Leo, Klaus und Iris sind verlegen. Anna weint.
Ü1 „Ich schaff das nicht mehr. Ich bin fix und fertig!"

Leo gibt Klaus ein Zeichen. Klaus geht zu Anna und tröstet sie.
Leo nimmt die Gläser und den Teller und geht ins Restaurant.
Laut ruft er: „Eine Lasagne und zwei Alsterwasser! Heute bedient der Chef persönlich! Und zum Kassieren komme ich auch
Ü2 gleich!"

1 *das Alsterwasser*: Bier mit Limonade gemischt

2

„Hier bin ich! Du wolltest mich sprechen?"
„Hallo, Benno! Ich habe gerade alle Hände voll zu tun, kannst du in einer Stunde noch mal kommen? Ich brauche deine Hilfe. Anna möchte heute früher weg und ..."
„Klar! Ruf mich einfach, ich bin oben!"
„Danke, Benno!"
Benno wohnt auch über der Kneipe. Weil er Leo manchmal hilft, muss er nicht viel Miete bezahlen. Er findet das prima, denn er hat nicht viel Geld.
„Wie kann ich dir helfen, Leo?"

„Du kannst die Tische abräumen, das Geschirr in die Küche bringen und in die Geschirrspülmaschine stellen, dann die Stühle in der Kneipe hochstellen und den Boden kehren und nass wischen. Das wäre super!“
„Und das macht Anna jeden Abend?“
„Mal Anna, mal ich.“
„Und was machst du noch?“
„Ich plane das Essen für morgen, schreibe die Einkaufsliste, kontrolliere den Getränkevorrat und …“
„Okay, wo ist das Putzzeug?“

Zwei Stunden später ist Benno mit Putzen fertig.
Er räumt die Geschirrspülmaschine aus.
Leo hat die Einkaufsliste für den nächsten Tag geschrieben. Jetzt stellt er die leeren Getränkekisten auf den Hof.

„Leo, kommst du mal bitte? Mit der Maschine stimmt was nicht.[2] Sieh dir doch mal die Teller an!“ Leo geht zur Maschine und nimmt einen Teller.
Ü3 „Das Geschirr ist ja noch schmutzig! Hast du kein Spülmittel reingetan?“

„Oh, Mist! Das hab ich vergessen! Und was jetzt?“
„Jetzt gehst du ins Bett und ich stelle die Maschine noch einmal an!“

Ü4

2 *etwas stimmt nicht*: etwas ist nicht in Ordnung

3

Es ist erst halb acht, aber Leo sitzt schon in der Küche und trinkt Kaffee.
Er macht sich Sorgen und hat schlecht geschlafen. So viel Arbeit in der Kneipe, allein schafft er das nicht. Er blättert in der Morgenzeitung.

„Also, hier, Stellenangebote Gastronomie!“

Familienhotel
sucht für sein Serviceteam
eine Sekretärin

„Nein, das hier:“

Kleines Restaurant
sucht
KOCH
als Urlaubsvertretung

„Quatsch!“

Küchenhilfe gesucht!
Spülen, putzen, abräumen.

„Das ist gut! Da ruf ich gleich mal an!“

Gasthaus
„Zur Einkehr“

Ü5 „Moment mal. Mann, bin ich blöd! Die suchen ja alle jemanden! Nee, das mach ich anders!“

Er sieht auf die Uhr: Kurz nach acht.
„Ob die so früh schon arbeiten?“

Ü6

„Piiiiiep! Piiiiiep! Piiiiiep! Piiiiiep!“
„Oh nein! Wer ruft denn so früh an?“
„Entschuldigung, das ist mein Wecker!“

Anna springt aus dem Bett und stoppt den Piepton.
„Komm wieder ins Bett, mi amor[3]!“
„Nein, es ist gleich halb neun! Ich muss los.“
Paco richtet sich langsam im Bett auf.
„Wieso? Ich dachte du machst mal Pause in der Kneipe.“
„Und woher bekomme ich mein Geld? Ich mache in der nächsten Zeit nur noch die Frühschicht.“
„Dann sehen wir uns heute Abend?“
„Nein, heute nicht. Heute Abend lerne ich. Ich muss mich für die Prüfung vorbereiten. Tschüs, mein Schatz!“
Aber Paco antwortet nicht. Er hat die Bettdecke über den Kopf gezogen.

Es ist kurz vor neun. Benno sitzt in der Küche und liest Zeitung. Das Lokal öffnet um 9 Uhr. Die Frühschicht machen meist Anna und Benno.
Leo beginnt um 10 Uhr. Davor kauft er ein.
„Guten Morgen!“

3 *mi amor! spanisch* meine Liebe!

„Guten Morgen, Benno. Wo ist Leo?“
„Der ist schon weg. Einkaufen.“
„Und wo sind die Brötchen?“
„Die bringt Leo mit.“
„Und was servieren wir unseren Gästen? Oh Mann, du bist wirklich eine sehr große Hilfe! Sitzt da, liest Zeitung und draußen stehen die ersten Gäste!“
Sie geht zum Tresen und schaltet die Kaffeemaschine ein. Dann
Ü7 geht sie zur Tür und macht das Lokal auf.

4

Zwei Tage später.
Anna arbeitet von 9.00 bis 13 Uhr 30, dann geht sie in die Uni. Sie kommt erst am Abend nach Hause. Außerdem hilft sie ihrer Großmutter, Trude Sommer. Anna kauft ein, putzt, wäscht und manchmal kocht sie auch.

Die Kneipe läuft nicht gut ohne Anna. Hoffentlich findet Leo bald eine Aushilfe.

„‚Leo & Co.', guten Morgen!"
„Guten Morgen! Ist die Stelle noch frei?"
„Wie bitte? Welche Stelle? Ich glaube, Sie haben sich verwählt. Schönen Tag noch!"
Benno legt auf.
„Wer war das?", fragt Anna.
„Keine Ahnung! Hat sich wohl jemand verwählt."
Kurze Zeit später klingelt das Telefon wieder. Diesmal nimmt Anna das Gespräch an.
„Ja, bitte?"
„Ich rufe wegen der Anzeige an. Ist dort ‚Leo & Co.'?"
„Ja, aber was für eine Anzeige meinen Sie?"
„In der Zeitung ist eine Anzeige. Sie suchen doch eine Aushilfe?"
„Hm, ja, aber der Chef ist noch nicht da. Kommen Sie doch einfach vorbei. Ich muss jetzt auflegen, ich habe zu tun! Tschüs!"

Benno kommt zurück in die Küche. Anna fragt ihn:
„Sucht Leo eine Aushilfe?“
„Keine Ahnung!“
„Eben hat eine Frau angerufen. Sie kommt heute Mittag. Sie sagt, in der Zeitung ist eine Anzeige.“
„Warte mal.“
Benno stellt das Tablett ab und holt die Morgenzeitung. Er blättert.
„Tatsächlich! Hier!“

Aushilfe für unseren Service gesucht!
Sie haben Erfahrung in der Gastronomie?
Sie haben ein freundliches Auftreten
und arbeiten gerne im Team?
Dann sind Sie bei uns richtig!
Bitte rufen Sie uns an:
„Leo & Co.“ Tel. 3030991

„Schönes Team! Der Chef entscheidet einsam und allein. So was kann man ja auch gemeinsam besprechen!"

„Aber wir brauchen wirklich eine Aushilfe, Anna! Am Abend ist viel los und allein schaffe ich das nicht."

„Für die paar Wochen geht das doch! Wenn eine Aushilfe kommt, hab ich nach meiner Prüfung vielleicht keinen Job mehr."

„Aber Anna!"

Anna antwortet nicht. Sie legt Wurst, Käse und Obst auf einen Teller, stellt ihn zum Kaffee auf ein Tablett und bringt „Das große Frühstück" ins Lokal. Ü8

Frühstückskarte

Kleines Frühstück	3,20
Brötchen mit Marmelade oder Honig Tasse Kaffee oder Tee	
Frühstück	4,90
Brötchen mit Marmelade oder Honig Frühstücksei Kännchen Kaffee oder Tee	
Großes Frühstück	6,30
Brötchen, Graubrot und Schwarzbrot Marmelade und Honig Frühstücksei Wurst, Käse und Obst Kännchen Kaffee oder Tee	

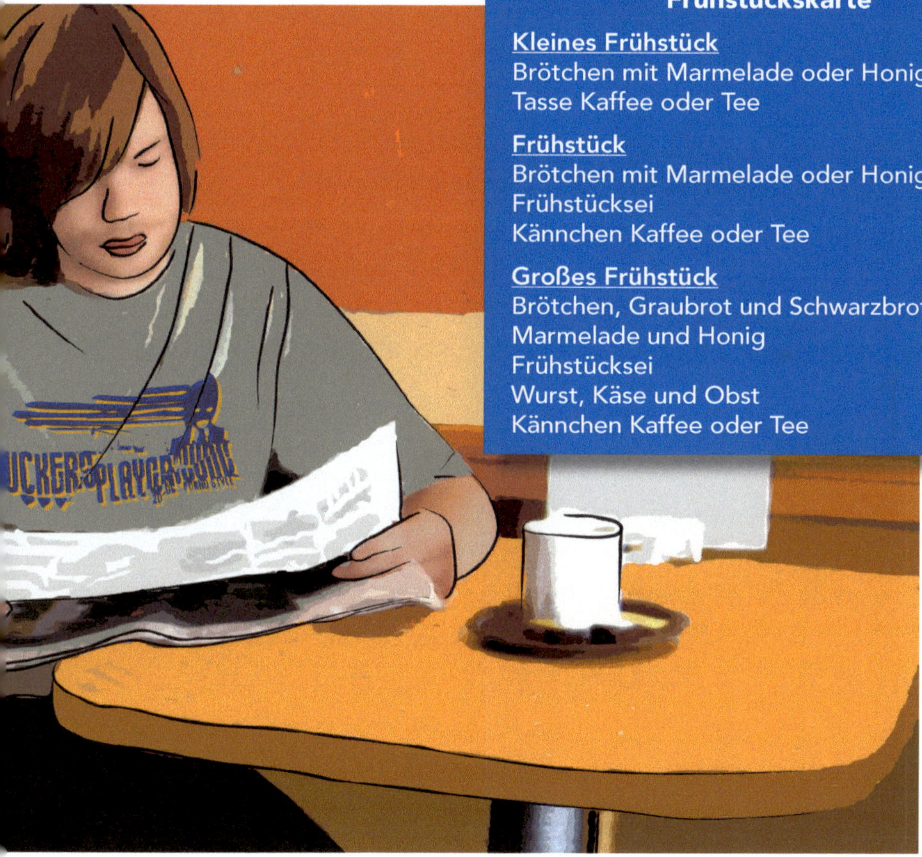

5

„Mist, es ist gleich zwei. Ich muss jetzt los!"
„Danke, Anna! Dann bis morgen."
„Bis übermorgen! Morgen bin ich den ganzen Tag an der Uni."
„O.k.! Geht's dir besser?"
„Nein! Es geht mir nicht besser und du suchst Ersatz hinter meinem Rücken! Das ist ..."
„Was meinst du?"
„Das weißt du ganz genau. Lies einfach die Zeitung. Ach übrigens, da kommt nachher jemand. Ich gehe jetzt, tschüs!"
„Tschüs, Anna." Sprachlos sieht Leo Anna hinterher.

Leo räumt das schmutzige Geschirr zusammen. Die Teller stellt er übereinander und das Besteck steckt er in ein leeres Glas. Er balanciert das Geschirr in die Küche.
„Hallo, Opa! Ist der Chef da?"
Im Vorbeigehen sieht Leo eine Frau, ungefähr 25 Jahre alt, blond.
Ü9 „He, bist du taub? Ist der Chef da?"

Leo stellt das Geschirr in der Küche ab. Dann sieht er sich die Frau genauer an: Sie ist stark geschminkt, blond, modisch gekleidet und der Rock ist sehr kurz.
„Worum geht's denn?"
„Jobbst du hier auch? Was is'n das für'n Laden hier? Sieht ja nicht sehr berühmt aus."[4] Die Frau sieht sich im Lokal um.
„Hm, der Chef ist schon weg. Ich räume hier nur auf."

4 *nicht berühmt aussehen*: hier ugs. für *nicht sehr schön sein*

„Ist die Stelle noch frei? Ihr sucht doch eine Aushilfe?"
Dann sieht sie Leo an. „Gehörst du auch zum Team?"
„Hm, ja. Haben Sie schon mal in der Gastronomie gearbeitet, Frau ..."
„Opa, ich hab schon überall gearbeitet. Das bisschen Bedienen ist wohl keine Kunst, oder?"

Sie nimmt eine Zigarettenschachtel aus ihrer Handtasche.
„Entschuldigung, das ist die Nichtraucherzone. Rauchen darf man nur auf der Terrasse."
„Ach, du meine Güte![5] Und bestimmt gibt es mittags einen Seniorenteller! Also, wann kommt der Chef denn wieder?"
„Ich weiß nicht. Aber die Stelle ist schon besetzt."
„Aha. Sag das doch gleich. Macht aber nix. Der Laden gefällt mir sowieso nicht!"

Die Frau verlässt das Lokal.
Am Eingang kommt ihr eine schlanke dunkelhaarige Frau entgegen.
„Die Stelle ist schon weg. Und der Laden hier ist das reinste Altenheim!"
Die Frau geht trotzdem in das Lokal.

Leo ist immer noch etwas schockiert von dem Auftritt der jungen Frau. Auf den Schreck schenkt er sich ein kleines Glas Sherry ein.
„Na, dann Prost, auf die Aushilfe."
„Entschuldigen Sie bitte! Störe ich?"
Leo verschluckt sich und bekommt einen Hustenanfall.
Er stellt das Glas ab und wischt sich die Tränen aus den Augen.
Dann sieht er die Besucherin an: Eine schlanke, dunkelhaarige Frau. Vielleicht Ende dreißig oder älter. Sie lächelt freundlich.

5 *du meine Güte!* ugs. hier: Ausdruck der Langeweile

Mit ihren dunkelbraunen Augen sieht sie Leo amüsiert an.
„Geht's wieder?“
Sie spricht mit einem ausländischen Akzent.
Leo steht auf, nimmt die Schürze ab und gibt der Frau die Hand.
„Ich bin Leo, was kann ich für Sie tun?“
„Ich habe heute Morgen angerufen, aber die Stelle ist ja schon weg.“
„Ah ja, äh nein! Die Stelle ist noch nicht weg!“
„Aber die junge Dame ...“
„Die junge Dame, ich glaube, sie passt nicht so gut in unser Team.“

„Und wer gehört zum Team?“
„Tja, also ich natürlich und am Morgen sind Benno und Anna noch da. Aber Anna, Anna ist meine Bedienung, hm, was rede ich eigentlich?! Bitte nehmen Sie doch Platz. Darf ich Ihnen etwas zu trinken anbieten?“

Ü10

6

„Guten Tag! Kann ich Ihnen helfen?“
„Ja, ich möchte gern 20 rote Rosen!“
„Für Ihre Frau?“
„Wie bitte? Hm, nein, äh, für eine Kollegin. Aber warum fragen Sie?“
„Möchten Sie Ihre Kollegin heiraten?“
„Was? Wie meinen Sie?“
„Rosen sind ein bisschen problematisch.“
„Wieso? Die sind doch wunderschön! Also machen Sie mir bitte einen Strauß!“

„Wie Sie wünschen. Wir haben aber auch noch andere Blumen. Ich könnte Ihnen einen bunten Sommerstrauß binden, mit ..."
„Rosen! Ich möchte 20 rote Rosen!"
Abends öffnet das Lokal um 18 Uhr. Es ist erst halb sechs und Leo macht sich einen Espresso. Benno kommt gerade nach Hause und geht kurz in die Kneipe. Er sieht den Blumenstrauß auf der Theke.
„Haben wir heute Abend eine Hochzeit?"
„Quatsch! Wir können das Lokal doch ein bisschen verschönern oder nicht? Blumen verändern doch gleich die Atmosphäre!"
„Rosen sind doch nur für Hochzeiten."
„Du musst es ja wissen. Ach übrigens, nachher kommt Beata."
„Beata?"
„Ja, die neue Aushilfe."
„Aha, deshalb die Rosen! Ist sie so hübsch?"
Ü11 „Blödmann![6]"

Leo geht noch schnell auf sein Zimmer. Er zieht eine frische Kochjacke an. Normalerweise trägt er bei der Arbeit eine Jeans. Heute zieht er auch eine karierte Kochhose an. Er geht zurück in die Küche.
„Ah, Sie sind schon da! Prima! Dann wollen wir mal."
„Entschuldigung, Herr Leo!"
„Einfach Leo, ohne ‚Herr'!"
„Entschuldigung, Leo, wo kann ich mich umziehen?"
„Ach so. Am besten oben, bei mir in der Wohnung. Die Treppe hoch und gleich die erste Tür links."

6 *der Blödmann*: ugs. für *der Idiot*

Benno sieht auf die Uhr. Schon nach sechs. Er geht runter in die Kneipe. Am Abend hilft er manchmal am Tresen: Er zapft Bier, füllt Getränke in Gläser oder er kocht Kaffee und Tee.
Auf der Treppe sieht er eine Frau. Sie kommt aus Leos Wohnung. Er staunt: Sie trägt einen schwarzen Rock, eine weiße Bluse und eine strahlend weiße Schürze.
„So viel Licht in unserer bescheidenen Hütte! Hallo, ich bin Benno!"
„Entschuldigung, was meinen Sie bitte?"
„Hm, ich wollte nur sagen, dass Sie hübsch aussehen mit Ihren Sachen. Wissen Sie, bei uns, also im Lokal ist es sonst eher sehr, hm, wie soll ich sagen, leger."

„Das ist einfach meine Arbeitskleidung. Darf ich mich vorstellen, mein Name ist Beata."

Ü12

7

„Sag mal, Leo, trainierst du für eine Gastronomie-Auszeichnung?"
„Wieso?"
Klaus Meier trinkt an der Theke einen Espresso.
„Das Mittagessen war köstlich! Und du hast dich auch ziemlich verändert!"
„Quatsch! Es gibt doch jeden Tag gutes Essen bei mir, oder nicht?"
Leo zwinkert Veronika zu. Sie antwortet:
„Schon, aber ‚Hühnerbrustfilet in Zimt-Kokossoße', oder „Fisch auf Orangensoße' hattest du noch nie auf der Speisekarte!"
„Na ja, ich male ja auch nicht jeden Tag das gleiche Bild."
„Ich habe das Gefühl, du malst gar nicht mehr, Leo! Ich glaube, du liest jetzt die ganze Nacht Kochbücher oder Blumenbücher! Das ist mir schon aufgefallen: Jeden Tag ein frischer Strauß!"
Klaus lacht und klopft seinem Freund auf die Schulter.

„Platz da! Ich muss hier arbeiten, ich werde nicht fürs Rumstehen bezahlt!"
Anna balanciert einen Stapel Teller in die Küche.
„Ist sie immer noch im Stress?", flüstert Klaus Meier über den Tresen.
„Ich habe den Eindruck, es wird täglich schlimmer", antwortet Leo.
Veronika sieht die beiden Männer böse an und ruft in die Küche:

„Kommst du noch auf einen Sprung[7] mit zu uns rüber, Anna?"
„Geht leider nicht! Ich muss gleich in die Uni. Und vorher muss ich hier noch alles fertig machen, damit alles schön strahlt, für die Blumenkönigin!"
Leo hebt resigniert die Hände.

„Öl, Zitrone, Pfeffer, Zucker und ein Eigelb. Das hab ich alles und dann verrühren. Dazu ein bisschen Joghurt, ..."
„Hallo? Leo, sind Sie da?"
„Beata? Hier bin ich, in der Küche!"
Leo steht in der Küche und bereitet ein Gericht vor. Beata kommt. Es ist halb sechs.
„Sie sind ja überpünktlich[8], Beata."
„Und Sie arbeiten wohl jeden Tag 24 Stunden? Was steht denn heute Abend Feines auf der Speisekarte?"

7 *komm auf einen Sprung mit zu uns*: hier ugs. für *kurze Zeit, nicht lange*
8 *überpünktlich sein*: sehr pünktlich sein

„Hm, nichts, also das ist nicht für die Gäste, das ist Mayonnaise, für später."

Beata steht vor Leo und lächelt.

„Darf ich? Sie haben Ihre Jacke falsch zugeknöpft!"

„Oh!"

Leo steht da wie ein kleiner Junge: Schneebesen in der rechten Hand, Schüssel in der linken Hand. Und Beata knöpft die Kochjacke auf und dann wieder zu.

Leo ist verlegen. Er zieht seinen Bauch ein.

„So!", sagt Beata kurz.

„Beata – ich wollte noch etwas fragen. Hm, haben Sie nach der Arbeit noch ein bisschen Zeit? Ich habe ein kleines Abendessen für uns vorbereitet."

Ü13 Beata strahlt: „Gern!"

8

„Bringen Sie mir bitte noch ein Bier?"
„Wir schließen gleich."
„Ach was, Leo nimmt es nie so genau. Noch ein Bier – oder kommen Sie mit und wir trinken woanders noch was zusammen?"
„Nein! "
„Ich lade Sie ein. Nur ein Glas Wein und ..."
„Ralf! Hast du nicht gehört? Wir schließen! Es ist besser, du gehst jetzt!"
Ralf dreht sich um. Leo steht am Tisch.
Er sieht zu Leo, dann zu Beata.
„Oh, ich verstehe! Sie sind schon verabredet."

„Kommen Sie? Vorsicht, nicht stolpern und gleich dürfen Sie die Augen wieder aufmachen."
Leo führt Beata in sein Atelier. Überall stehen Bilder, es riecht nach Farbe. Mitten im Atelier steht ein kleiner Tisch, mit einer weißen Tischdecke, zwei Tellern, Besteck und einem bunten Blumenstrauß. Das ganze Atelier ist nur mit Kerzen beleuchtet: Hundert kleine Lichter.
„Wir sind da! Jetzt!"
Beata öffnet die Augen: „Oh, wie schön! Richtig romantisch!"
In einem alten Farbeimer steht eine Flasche Weißwein.
„Möchten Sie ein Glas?"
„Nein danke, ich trinke keinen Alkohol. Haben Sie Saft oder Wasser?"

Ü14 „Natürlich, beides! Bitte wählen Sie.“

Nach dem Essen geht Leo ins Lokal runter und macht zwei Tassen Espresso. Er balanciert ein kleines Tablett mit den beiden Tassen, Zucker und einem Teller mit selbst gebackenen Plätzchen zurück ins Atelier.
„Der Espresso!“
Beata steht vor einem Bild und betrachtet es intensiv.
„Sind Sie Maler oder Koch, Leo?“
„Tja, das weiß ich auch nicht so genau. Es gibt viele Gemeinsamkeiten zwischen Malen und Kochen: Man braucht eine Idee, Zutaten - und Farben sind wie Gewürze für die Augen, wenn man so will.“
Beata wandert weiter im Atelier herum. Manchmal bleibt sie stehen, manchmal reagiert sie spontan.
„Das ist toll! Genau meine Farben! Sehr hell und leuchtend und mit vielen Details zum Entdecken.“
„Möchten Sie es haben?“
„Wie bitte? So habe ich das nicht gemeint – und ich kann mir das Bild bestimmt nicht leisten.“
„Ich schenke es Ihnen!“
„Nein, Leo.“
„Doch, bitte! Sie machen mir eine große Freude, nehmen Sie das Geschenk an!“
„Nein, Leo, ...“
„Seit Sie da sind, Beata, ist alles ganz anders. Mir macht die Arbeit wieder viel mehr Spaß und ...“
Leo legt seine Hand auf die Hand von Beata und sieht in ihre dunklen Augen.
Vorsichtig nimmt Beata seine Hand.

Ü15

9

„So! Und jetzt nur noch ausdrucken und fertig! Und dann sofort ins Bett, ich bin hundemüde![9]"
Anna fährt mit der Maus auf das Druckersymbol und klickt es an. Es passiert nichts.
„Nanu? Vielleicht nicht eingeschaltet?"
Sie sieht zum Drucker. Das grüne Lämpchen blinkt. Sie versucht es noch einmal. Es passiert nichts.
„Nein! Das darf doch nicht wahr sein! So ein Mist!"
Sie sieht auf die Uhr. Es ist zwei Uhr morgens.
Wer kann ihr um diese Zeit helfen? Paco? Der liegt bestimmt schon längst im Bett. Außerdem ist im Moment die Stimmung nicht so gut.
Leo!
Leo sagt immer: „Wenn im Atelier Licht brennt, darf man reinkommen!"
Für das Büro hat Anna einen eigenen Schlüssel. Und dort steht ein Drucker, für die Speisekarten ...
„Ach, mein liebes Bett, du musst noch ein bisschen warten. Erst die Arbeit, dann das Vergnügen."
Sie kopiert ihre Datei auf einen Stick, steckt ihn ein und verlässt ihr Arbeitszimmer.
Sie atmet tief ein. Die Nachtluft tut gut. Heute war sie fast den ganzen Tag am Computer. Langsam spaziert sie zur Kneipe. Schon von weitem sieht sie, dass im Atelier noch Licht brennt.

9 *hundemüde sein*: ugs. für *sehr müde sein*

„Leo malt wieder! Das ist gut!“
Sie will gerade die Straße überqueren, da öffnet sich die Haustür.
Eine schlanke dunkelhaarige Frau tritt auf die Straße. Die Neue?

Anna bleibt stehen und dreht sich um. Leo steht jetzt auch im Eingang. Die Frau stellt sich auf die Zehenspitzen, gibt Leo einen Kuss auf die Wange und geht.
Leo bleibt im Eingang stehen und sieht der Frau nach.
Dann schließt er die Tür.
Anna läuft schnell nach Hause.

Am nächsten Tag:
„Mama, bekomme ich ein Eis?"
„Ja, aber nur ein kleines."
Veronika ist mit ihrer Tochter Iris in der Innenstadt.
Sie kauft ein Eis und nimmt zwei Servietten.
Zusammen sitzen sie auf einer Bank und beobachten die Leute.
Plötzlich sieht Veronika die neue Aushilfe. Zusammen mit einem gut aussehenden Mann um die vierzig spaziert sie durch die Fußgängerzone.
Die beiden halten sich an den Händen und sind sehr vergnügt.

„Was ist los, Mama?“
„Hm, nichts! Wieso?“
„Du guckst so komisch!“
„Ich, nein! Ich seh mir die Leute an. Bist du fertig? Komm wir gehen ein Stück.“
Die beiden Personen stehen jetzt vor einem Schaufenster.
„Aha, Geld spielt wohl keine Rolle! Ganz schön teurer Laden!“
„Was meinst du, Mama?“
„Nichts, mein Schatz! Ich führe nur Selbstgespräche. Bist du fertig mit dem Eis?“
Sie nimmt eine Serviette und wischt Iris die Hände und den Mund ab.
Sie sieht noch einmal zur Boutique, die beiden gehen gerade hinein.

› Ü16

10

„Was sagst du dazu: Die kauft bei ‚Belladonna' ein! Woher hat die denn so viel Geld?"
„Gute Trinkgelder?", lacht Benno.
„Idiot!"
Es ist 9 Uhr. Veronika, Anna und Benno sitzen auf der Terrasse und trinken Kaffee.
„Und der Typ?"
„Sieht gut aus. Irgendwie weltmännisch."
„Aha!"
„Was meinst du damit?"
„Also, ich glaube ja, dass die Dame ein doppeltes Spiel spielt."[10]
„Ich verstehe nur Bahnhof![11]", unterbricht Benno.
„Klappe halten[12] und zuhören! Die sucht ganz gezielt Aushilfsjobs! Sie sieht sich den Laden an und dann schlägt sie zu!"
„Du liest zu viele Krimis, Anna!" Benno winkt ab.
„Nein, Anna hat Recht! So kann es sein! Sie erschleicht sich zuerst das Vertrauen und dann ..."
„Und dann?", unterbricht Benno wieder.
„Dann greift sie in die Kasse!"
„Du bist doch verrückt! So was macht Beata nicht! Ich weiß das, ich arbeite ja schließlich seit ein paar Wochen mit ihr. Ihr seid doch nur eifersüchtig."

10 *ein doppeltes Spiel spielen*: jmd. betrügen
11 *nur Bahnhof verstehen*: ugs. für *überhaupt nichts verstehen*
12 *die Klappe halten*: ugs. für *den Mund halten, nichts sagen, schweigen*

„Aha! Und was hältst du davon: Vorgestern Nacht, es war bestimmt schon nach zwei Uhr, wollte ich im Büro was ausdrucken. Und wer kommt um diese Uhrzeit aus dem Haus? Na?"

„Du wirst es uns bestimmt gleich sagen", bemerkt Benno giftig.

„Die Neue! Und küsst unseren Casanova ganz romantisch im Mondenschein."

„Und was beweist das?"

„Dass sie sich Leos Vertrauen erschleicht, ihm eine Romanze vorgaukelt und ihn dann um Geld erleichtert!"

„Ah ja, und wie findet ihr das: Sie heiratet Leo und wird die neue Chefin. Und gleich nach der Hochzeit schmeißt sie uns raus!"

Benno tippt sich mit dem Zeigefinger an die Stirn. „Ihr habt doch

Ü17 einen Knall!"[13]

13 *einen Knall haben*: ugs. für *verrückt sein*

Die Sonne scheint und das Wetter ist herrlich. Trotzdem sind nur wenige Tische besetzt. Leo kommt aus der Küche und geht zu seinem Freund Klaus Meier.

„Zufrieden?"

„Wie immer! Das weißt du doch. Schade, dass so wenig los ist. Deine Küche wird von Tag zu Tag besser, bald kommen die Herren vom Guide Michelin!"

„Veronika habe ich auch schon lange nicht mehr gesehen."

„Ich weiß. Aber ich habe keine Ahnung. Vielleicht macht sie eine Diät."

„Entschuldige, Klaus. Ich möchte dich da nicht mit reinziehen. Du bist nicht nur mein bester Freund, du bist auch mein treuester Gast! Aber ich merke natürlich, dass in letzter Zeit immer weniger Leute zum Essen kommen. Vielleicht mache ich was falsch."

„Was meinst du?"

„Vielleicht wollen die Leute lieber Spaghetti oder Pizza oder Kohlrouladen anstatt Hähnchenbrust in Kokossoße?"

„Tja, vielleicht."

„Weißt du, Klaus, das ist wie mit der Kunst. Ich gebe mich beim Malen auch nicht mit Hausmannskost[14] zufrieden! Ich male, was ich will, und ich koche, was ich will!"

Den letzten Satz sagt Leo sehr laut. Die wenigen Gäste im Lokal lächeln unsicher.

14 *die Hausmannskost*: was zu Hause im Alltag gekocht wird

11

Leo steht auf. Es ist erst sieben Uhr! Noch viel Zeit bis zum Arbeitsbeginn.

Er hat sehr schlecht geschlafen. Langsam geht er ins Bad und klatscht sich kaltes Wasser ins Gesicht.

Dann geht er hinunter ins Lokal und schaltet die Kaffeemaschine ein.

„Nanu? Ein Brief?"

Er nimmt den Umschlag. Darauf steht: „Für Leo". Er dreht ihn um: Kein Absender.

„Komisch, ich habe doch gestern Abend die Maschine sauber gemacht."

Ü18 Er öffnet den Brief.

Er liest den Brief noch zwei-, dreimal. Dann trinkt er langsam den heißen Kaffee.
Kurze Zeit später geht er ins Atelier.

„Was soll das denn?“
„Sehr witzig! Ein Scherz?“
Um halb neun stehen Anna und Benno vor dem Lokal. An der Tür hängt ein großes Schild. Darauf steht mit roter Farbe: „Geschlossen!“

Die Farbe ist noch nicht trocken.
„Was ist passiert?“, fragt Anna unsicher.
„Keine Ahnung! Woher soll ich das wissen!“
„Du warst doch gestern Abend hier!“
„Nein. Ich war schon seit ein paar Tagen nicht mehr da. Viel zu wenig los. Den Service hat Beata allein gemacht.“

„Beata!"

Ü19 „Du meinst ..."

Anna holt ihr Handy aus der Tasche und telefoniert.
Kurze Zeit später kommen Veronika und Klaus Meier. Ratlos lesen sie das Schild. „Weißt du was, Papa?", fragt Veronika ihren Vater.
Der zuckt die Schultern und schweigt.

„Ich verstehe das nicht. Ich kann mich nicht erinnern, dass Leos Kneipe schon jemals zu war", sagt Anna traurig.
„Warum macht er das nur?", seufzt Veronika.
„Das müsst ihr doch am besten wissen! Wer hat denn überall rumtelefoniert, einen Boykott organisiert und allen gesagt, man soll nicht mehr zu Leo gehen, solange die Neue da ist? Na? Glaubt ihr vielleicht, wir sind Volldeppen[15]?!"
Klaus Meier ist zwar klein, aber jetzt schreit er sehr laut.

„Genau!!!"
Die Gruppe dreht sich um. Niemand hat Leo bemerkt. Er steht im Hauseingang.
„Was ist los? Was ist mit der Kneipe, Leo?", fragt Anna schüchtern.
„Schluss, aus, vorbei! Die Kneipe bleibt zu! Ich gehe weg!"
Anna, Veronika und Benno gucken erschrocken. Niemand sagt ein Wort.
„Ihr habt sie vertrieben! Dabei hat sie nur ihre Arbeit gemacht! Und sie hat sie sehr gut gemacht! Sie wollte uns helfen. Sie wollte dir helfen, Anna! Und ihr? Ihr habt euch benommen wie, wie ..."

15 *der Volldepp*: ugs. für *ein großer Idiot*

„Blöde Zicken[16]“, flüstert Anna.
„Schluss! Aus! Vorbei! Ich gehe weg und arbeite als Schiffskoch. Bloß weit weg von euch! Und mittags könnt ihr wieder Fischstäbchen essen – oder Benno macht euch seine Currywurst.“
Beim letzten Satz sehen sich Leo und Klaus Meier an. Beide verkneifen sich ein Lachen.
Als Benno leise antwortet: „Nichts gegen meine Currywurst“, lachen die beiden los.
Die jungen Leute sind verwirrt, aber dann lachen auch sie.
„Und die Kneipe?“, fragt Anna vorsichtig.
„Die mache ich erst wieder auf, wenn ihr was erledigt!“
„Was?“
„Was sollen wir tun?“
Alle fragen durcheinander.
Leo gibt Benno einen Zettel. Dann zwinkert er Klaus Meier zu und geht ins Haus.

„Zeig! Was ist das für ein Zettel? Was sollen wir machen?“
„He, he, immer mit der Ruhe!“
Benno faltet den Zettel auseinander: Ü20

20 rote Rosen
für Restaurantdirektorin Beata Abramczyk
Passagierschiff „Queen Viktoria“
Pier 11, Abfahrt 10 Uhr 30

Mit großer Entschuldigung
von Anna, Veronika und Benno
und lieben Grüßen von Leo!

ENDE

16 *die blöde Zicke*: ugs. Schimpfwort für Mädchen und Frauen

KAPITEL 1

1 Welche Äußerungen sind freundlich (f), welche Äußerungen sind unfreundlich (uf)? Lesen Sie und markieren Sie.

Siehst du nicht, dass ich mich beeile?

Verflixt noch mal!

Darf man stören?

Ihr seid nicht allein hier!

Können wir bitte bestellen?

Einen Espresso, bitte.

Dann kann ich ja gehen!

Können wir endlich zahlen?

2a Ergänzen Sie.

Uni • Prüfung • Arbeit • Stress • Ferien • Zeit

„Beruhige dich, Anna. Geht es besser?“

„Danke, Klaus, es geht schon. Aber ich schaff diesen ________________ nicht mehr!“

„Was ist los?“

„Ich habe in drei Wochen eine wichtige ________________. Und ich lerne viel zu wenig. Ich habe einfach keine ________________. Das Studium und die ________________ und Oma und Paco. Es ist mir im Moment alles zu viel! Ich brauche einfach mal eine Pause, Ruhe, ________________. Ich muss mit Leo reden. Vielleicht kann ja Benno ein bisschen mehr mithelfen. Einen halben Tag Arbeit in der Kneipe und einen halben Tag an der ________________, das wäre prima. Entschuldige, Veronika, dass ich vorhin so daneben war. Tut mir leid.“

2b Hören Sie und vergleichen Sie.

KAPITEL 2

3 Was gibt es in der Kneipe alles zu tun? Schreiben Sie.

die Tische	schreiben
Geschirr in die Küche	nass wischen
die Geschirrspülmaschine	abräumen
den Boden	kontrollieren
das Essen	ausräumen
eine Einkaufsliste	bringen
den Getränkevorrat	planen
leere Getränkekisten auf den Hof	stellen

____

____

____

____

____

____

____

4 Hören Sie und ergänzen Sie.

„Klaus Meier, gu______ Ab_______!“

„Hallo, Klaus, hier ist Leo! Ko_________ du noch auf ein Bi_____?“

„Tut mir leid, Leo, he______ nicht, ich bin völlig ka________. Wir haben zurzeit so viel zu tun.“

„Schon gut!“

„Wie geht es Anna?“

„Sie ist zu Ha_______. Benno hat mir heute Abend ge____________.
Sag mal, …“

„Ja?"

„Ja, hm, meinst du, Veronika kann mir ein paar St__________ in der Kn__________ aushelfen?"

„Puh! Ich glaube nicht, Leo. Wir haben einfach zu viel Ar__________ im Mo__________ und die Kleine kommt sowieso schon zu kurz."

„Schon gut. Ich wo__________ nur mal fr__________. Also dann, gute Nacht, Klaus."

„Halt, Leo, wa__________ mal! Guck doch mal in die Ze__________! Vielleicht sucht jemand einen Job in einer Kneipe!"

„Gute Idee, danke!"

KAPITEL 3

5 Helfen Sie Leo und schreiben Sie eine kurze Stellenanzeige.

Freundliche Bedienung – Aushilfe – 1 Monat – ab sofort – anrufen – „Leo & Co." – 10-14 Uhr – Telefonnummer 040-7543210

6a Richtig oder falsch? Hören Sie und kreuzen Sie an.

	R	F
1. Leo möchte in der Zeitung eine Stellenanzeige aufgeben.	☐	☐
2. Er muss die Anzeige online aufgeben.	☐	☐
3. Der Dame bei der Zeitung gefällt Leos Anzeigentext.	☐	☐

6b Was passt? Ergänzen Sie.

Nein, eine Stellenanzeige. • Bedienung gesucht! • Wie bitte? • Warum? Gefällt Ihnen der Text nicht? • Ich möchte eine Anzeige aufgeben. • Leo & Co.

„Morgenblatt, was kann ich für Sie tun?"

„____."

„Welcher Bereich? Kfz, Immobilie, Vermietung, ..."

„____."

„Wie viele Zeilen?"

„____________________?"

„Wie viele Zeilen hat Ihre Anzeige?"
„Das weiß ich noch nicht. Ich habe doch noch gar nichts gesagt."
„Also, diktieren Sie bitte! Wissen Sie, normalerweise gibt man Anzeigen heutzutage online auf."

„Ach so! Also, ich diktiere: ____________________ – bitte fett gedruckt. Servieren, kassieren, putzen. Wir suchen eine Aushilfe für einen Monat."
„Wollen Sie das wirklich so schreiben?"

„____?"

„Hm. Ich finde, er muss moderner sein. Vielleicht so: Aushilfe für unseren Service gesucht! Sie haben Erfahrung in der Gastronomie? Sie haben ein freundliches Auftreten und arbeiten gerne im Team? Dann sind Sie bei uns richtig! – Wie heißt Ihr Restaurant?"

„____________________! Es heißt ‚Leo & Co.'. Der Text gefällt mir. Das schreiben wir."

6c Hören Sie noch einmal und vergleichen Sie.

7 Beantworten Sie die Fragen.

1. Warum muss Anna früh aufstehen?

____

2. Warum kann sie sich am Abend nicht mit Paco treffen?

____

3. Warum ist Anna sauer auf Benno?

____

KAPITEL 4

8 Was ist richtig? Markieren Sie.

1. [a] Anna arbeitet vormittags in der Kneipe, dann geht sie in die Uni.
1. [b] Anna hilft vormittags ihrer Oma, dann geht sie in die Uni.

2. [a] Anna ruft eine Aushilfe an.
2. [b] Eine Aushilfe ruft in der Kneipe an.

3. [a] Anna findet es gut, dass eine Aushilfe kommt.
3. [b] Benno findet es gut, dass eine Aushilfe kommt.

KAPITEL 5

9 Schreiben Sie einen Dialog.

10a Hören Sie und lesen Sie.

„Also, das ist mein Lokal: ‚Leo & Co.'. Und ich bin Leo."
„Beata Abramczyk, sehr erfreut! Und die Stelle ist wirklich noch frei?"
„Klar!"
„Und wer sind Benno und Anna?"
„Ja, also Anna arbeitet normalerweise hier. Aber im Moment hat sie sehr viel Stress an der Uni. "
„Sie arbeitet hier den ganzen Tag und studiert? Toll!"
„Hm, ja, da ist ja das Problem. Das ist manchmal einfach zu viel. Aber Benno hilft natürlich auch."
„Und wie lange brauchen Sie eine Aushilfe?"
„Vielleicht vier bis sechs Wochen, passt das für Sie?"
„Perfekt!"
„Entschuldigen Sie die Frage, aber haben Sie schon mal in der Gastronomie gearbeitet?"
„Ja, natürlich. Ich habe Ihnen hier meine Zeugnisse mitgebracht. Ich bin ausgebildete Restaurantfachfrau und habe schon in verschiedenen Ländern gearbeitet: In Spanien, in der Schweiz und in Deutschland. Ich spreche Englisch und Deutsch und ..."
„Danke, danke! Ich fürchte, Sie sind überqualifiziert, für diesen Job!"
Leo lacht.

„Nein, nein. Wissen Sie, ich habe schon länger nicht mehr gearbeitet, aus familiären Gründen. Und jetzt möchte ich wieder anfangen. Das hier ist perfekt. Danach habe ich vielleicht schon eine Stelle, ich warte noch auf die Zusage. Wann kann ich anfangen?"
„Sofort! Ich meine, passt Ihnen heute Abend?"

10b Was erfahren Sie über Beata? Machen Sie einen Steckbrief.

KAPITEL 6

11a Leo kauft 20 rote Rosen. Ist das problematisch? Sammeln Sie.

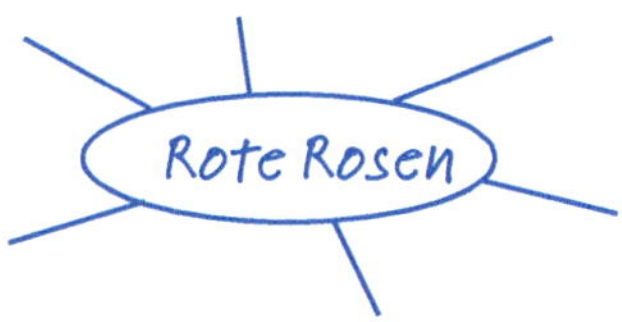

11b Regeln für Blumengeschenke. Lesen Sie.

Beachten Sie folgende Punkte, wenn Sie Geschäftspartnern oder Kollegen einen Blumenstrauß schenken:

- Nehmen Sie Schnittblumen. Wenn Sie wenig Geld ausgeben wollen, nehmen Sie einen kurzen, aber dichten Strauß. Oder eine einzelne große exotische Blüte.
- Vermeiden Sie Nelken, sie wirken auf viele Menschen altmodisch.
- Vermeiden Sie weiße Lilien, sie gelten bei manchen Menschen als Friedhofsblumen.

- Vorsicht: Rote Rosen bedeuten Liebe.
- In Europa wählen Sie bei Sträußen unter 12 Blüten immer eine ungerade Anzahl. In Fernost dagegen muss die Anzahl immer durch 2 teilbar sein, nur die Zahl 4 ist (weil Unglückszahl) zu vermeiden.

11c Wie ist das bei Ihnen? Notieren Sie.

Bei uns ist das so:

12a Was erzählt Veronika Anna über Leo und Beata? Hören Sie und notieren Sie.

Leo	Beata

12b Wie ist die richtige Reihenfolge? Nummerieren Sie.

__1__ „Ja, hallo!"

__2__ „Hallo, meine Liebe! Hier ist Veronika. Wie geht's dir?"

____ „Das tut mir leid. Kann ich was für dich tun?"

____ „Also, gestern Abend – gestern Abend hast du was verpasst!"

____ „Deshalb ruf ich ja eigentlich an."

_____ „Ach, ich bin hundemüde und frustriert. Das Leben rauscht im Moment völlig an mir vorbei."

_____ „Nein, gar nicht! Eher Mittelalter und dunkle Haare. Sie wirkt sehr professionell, mit schwarzem Rock, weißer Bluse und Schürzchen."

_____ „Erzähl mir doch was Nettes."

_____ „Alte Klatschtante!"

_____ „Ja, die Neue, aber viel lustiger war ‚der Alte'! So habe ich Leo noch nie gesehen: Der Meisterkoch persönlich! Neue Kochjacke, neue Hose, wie aus dem Ei gepellt. Ein großer Strauß roter Rosen auf dem Tresen und er ist herumgehampelt wie ein verliebter Teenager."

_____ „Die Neue?"

_____ „Ist die Neue so attraktiv? Bestimmt ist sie zwanzig und blond!"

__13__ „Aha!"

12c Hören Sie noch einmal und vergleichen Sie.

KAPITEL 7

13a Was hat sich mit Beata alles verändert? Notieren Sie.

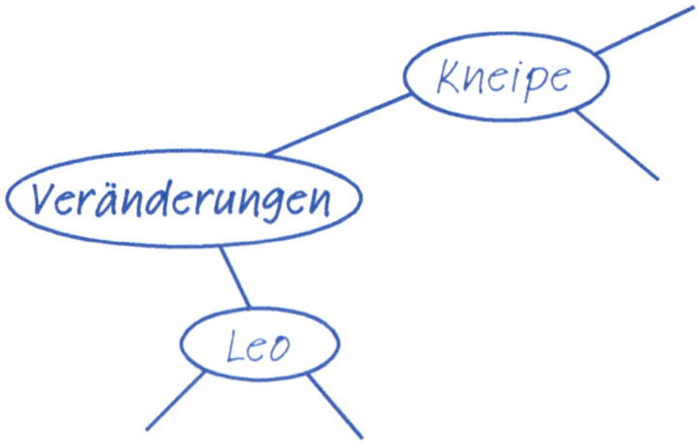

13b Wie geht die Geschichte weiter? Sammeln Sie Ideen.

KAPITEL 8

14 Welche Wörter kennen Sie? Schreiben Sie.

15a Richtig oder falsch? Hören Sie und kreuzen Sie an.

	R	F
1. Beata gefällt die Arbeit in Leos Kneipe sehr.	☐	☐
2. Leo möchte, dass Beata bald wieder geht, weil Anna den Job braucht.	☐	☐
3. Beatas Mann arbeitet auf einem großen Schiff.	☐	☐
4. Auf diesem Schiff ist eine Stelle frei und Leo hat sich beworben.	☐	☐

15b Präsens oder Perfekt? Ergänzen Sie die Verben in der richtigen Form.

„Lieber Leo, ich bin zu Ihnen *gekommen* (kommen), weil ich einen Job wollte. Nur für ein paar Wochen. Aber es ______________ (machen) so viel Spaß, ich möchte gar nicht mehr gehen."

„Aber Sie ______________ (müssen) doch nicht gehen. Bleiben Sie, Beata! Wir beide, zusammen ..."

„Nein, Leo. Sehen Sie, hier ______________ (sein) alles, wie soll ich sagen, so familiär, die meisten Gäste sind Ihre Freunde. Und Anna _______________ (kommen) ja auch bald wieder zurück."

„Anna _______________ (finden) auch einen anderen Job. Aber wir beide können zusammen ..."

„Nein, Leo, ich kann nicht! Ich habe wirklich nur eine Stelle für ein paar Wochen _______________ (suchen). Und das habe ich von Anfang an _______________ (sagen). Erinnern Sie sich?"

„Hm, ja schon. Aber ..."

„Kein Aber. Ich _______________ (müssen) Ihnen was sagen."

„Nein, Beata! Sie müssen mir gar nichts sagen. "

„Ich bin verheiratet. Mein Mann _______________ (arbeiten) als Steward auf einem großen Passagierschiff. Er ist dauernd unterwegs und wir _______________ (sehen) uns leider nur sehr selten. Früher konnte ich nicht weg, da war unser Sohn noch zu klein. Aber seit ein paar Wochen _______________ (sein) er mit der Schule fertig. Und stellen Sie sich vor, auf dem Schiff ist eine Stelle frei! Ich habe mich _______________ (bewerben) und die Stelle _______________ (bekommen). Bald geht es los!"

„Das freut mich für Sie. Entschuldigen Sie bitte, Beata. Ich wusste nicht, dass – ich habe mich wohl wie ein Idiot benommen."

„Kommen Sie, Leo, wir räumen ab und ich _______________ (helfen) Ihnen beim Spülen!"

„Auf keinen Fall, Sie sind mein Gast!"

„Aber es _______________ (machen) mir Freude!"

„Wirklich? – Na dann!"

15c Hören Sie noch einmal und vergleichen Sie.

15d Spielen Sie.

KAPITEL 9

16 Was ist in Kapitel 9 passiert? Fassen Sie zusammen.

Anna … Veronika …

KAPITEL 10

17 Anna, Veronika und Benno streiten. Warum? Schreiben Sie.

Anna denkt, … *Veronika glaubt, …* *Benno denkt/findet, …*

KAPITEL 11

18a Was glauben Sie, wer hat Leo einen Brief geschrieben?

Ich glaube, … , denn/weil …

18b Wählen Sie eine Person und schreiben Sie Leo ein paar Zeilen.

Lieber Leo, …

19 Warum hat Leo die Kneipe geschlossen? Sammeln Sie Ideen.

20a Was sollen Anna, Veronika und Benno tun? Schreiben Sie.

20b Was hätten Sie auf den Zettel geschrieben?

ARBEITEN IN DER GASTRONOMIE

Für viele junge Menschen ist eine Ausbildung in der Gastronomie das Tor zur Welt. Sprachen lernen gehört zum Beruf. Sehr gutes Englisch ist Pflicht, man sollte aber noch mindestens eine andere Fremdsprache beherrschen, denn in großen Hotels arbeiten internationale Teams. Außerdem ist es üblich, dass man oft den Arbeitsplatz wechselt und auch ins Ausland geht. In keiner Branche kann man so viel in der Welt herumreisen wie in der Gastronomie. Ein Jahr in Paris, eine Wintersaison in der Schweiz, ein Jahr in Asien, eine Saison auf einem großen Kreuzfahrtschiff, das geht in der Gastronomie ohne große Probleme und ist ganz normal.

Geduld, Freundlichkeit, Verständnis für verschiedene Kulturen, Flexibilität, Organisationstalent, Teamfähigkeit, ein gepflegtes Äußeres, Offenheit, Kommunikationsfähigkeit und Belastbarkeit sind wichtige Voraussetzungen, wenn man in der Gastronomie arbeiten möchte.

1 Warum kann eine Tätigkeit in der Gastronomie ein Tor zur Welt sein? Lesen Sie und notieren Sie.

2 Welche Voraussetzungen braucht man, wenn man in der Gastronomie arbeiten möchte? Schreiben Sie.

Man muss Fremdsprachen sprechen, ...

3a Die Arbeit in der Gastronomie hat nicht nur Vorteile, es gibt auch Nachteile. Welche sind das vielleicht? Sammeln Sie.

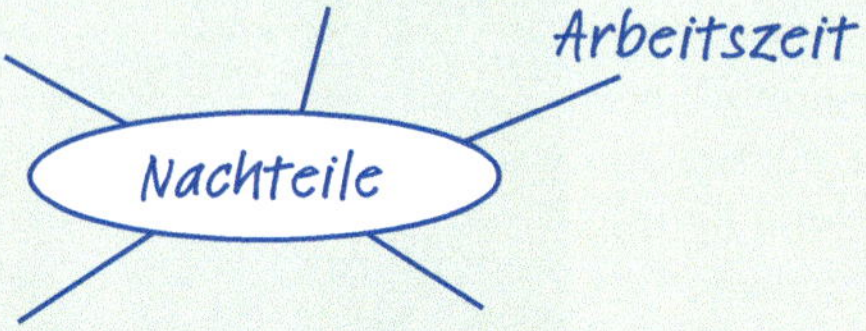

3b Lesen und vergleichen Sie.

Nicht immer angenehm sind die sehr flexiblen Arbeitszeiten. Man muss arbeiten, wenn andere Menschen frei haben, z.B. an Feiertagen wie Weihnachten, da ist in Hotels oft Hochbetrieb. Früh am Morgen geht es los und Abendschichten, Nachtschichten und Wochenenddienste sind ganz normal. In stressigen Situationen darf man nie die Geduld verlieren und muss immer freundlich bleiben, die Gäste erwarten schnellen und guten Service. Aber nicht alle Gäste sind nett. Viele Tätigkeiten in der Gastronomie sind auch körperlich anstrengend. Wer beispielsweise in der Küche oder im Service arbeitet, muss körperlich und psychisch belastbar sein.

4 Welche Berufe in der Gastronomie kennen Sie? Sammeln Sie.

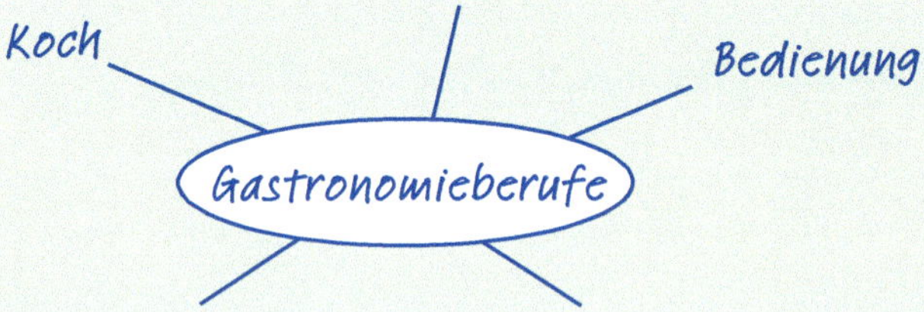

AUSBILDUNG UND KARRIERE

Klassische Ausbildungsberufe sind Koch/Köchin, Hotelfachmann/-fachfrau, Hotelkaufmann/-kauffrau und Restaurantfachmann/-fachfrau und Fachmann/Fachfrau für Systemgastronomie. Die Ausbildung für einen Beruf in der Gastronomie dauert in der Regel drei Jahre, mit Abitur manchmal nur zwei Jahre. Die Ausbildung ist sehr vielfältig und abwechslungsreich und die Karrieremöglichkeiten sind sehr gut. Arbeitslosigkeit ist eher selten, denn gutes Hotel-, Restaurant- und Küchenpersonal sucht man überall auf der Welt. Während der Ausbildung bekommt man Einblick in fast jede Abteilung eines Hotels, vom Restaurant über die Küche, den Empfang, den Zimmerservice bis zur Verwaltung. Die einzelnen Berufe setzen die Schwerpunkte bei der Planung, Organisation und beim Empfang, beim Service im Restaurant oder der Arbeit in der Küche. Die Ausbildung für die Systemgastronomie ist relativ neu. Systemgastronomie bedeutet, dass ein Gastronomiebetrieb viele Filialen hat und jede Filiale dasselbe Angebot, dieselben Preise, dieselbe Präsentation und dieselbe Einrichtung hat. Typische Systemgastronomien sind z.B. Fast-Food-Ketten.

5 Richtig oder falsch? Lesen Sie noch einmal und kreuzen Sie an.

	R	F
1. Die Ausbildung dauert in der Regel drei Jahre.	☐	☐
2. Die Ausbildung ist interessant und vielfältig.	☐	☐
3. Das Risiko der Arbeitslosigkeit ist hoch.	☐	☐
4. Die Karrieremöglichkeiten sind nicht gut.	☐	☐

Übersicht über die in dieser Reihe erschienenen Bände:

Stufe 1 ab A1
Das schnelle Glück
Der 80. Geburtstag
Die Neue
Die Prinzessin
Ein Hundeleben
Gebrochene Herzen
Miss Hamburg
Schwere Kost

Stufe 2 ab A2
Der Einbruch
Der Jaguar
Große Gefühle
In Gefahr
Liebe im Mai
Oktoberfest – und zurück
Schöne Ferien
Unter Verdacht

Stufe 3 ab B1
Hinter den Kulissen
Leichte Beute
Speed Dating
Stille Nacht